Mathematik Ferienhefte für liebe Kinder - AHS / NMS - Nach der 2. Klasse

Ferienheft Mathematik 2. Klasse MS/AHS - Zur Vorbereitung auf die 3. Klasse MS/AHS - Ferienheft mit eingelegten Lösungen

Band 2

JUNGES MATHE TEAM

Deckblatt

Titel des Hefts

Name des Schülers / der Schülerin

Schuljahr

Platz für das Schullogo oder andere Grafiken

Willkommen im Ferienheft Band 2

Herzlich willkommen im Ferienheft Mathematik für die Vorbereitung auf die 3. Klasse MS/AHS!

Liebe Schülerinnen und Schüler,

Wir freuen uns, dass ihr euch für dieses Ferienheft entschieden habt, um eure mathematischen Fähigkeiten zu stärken und euch auf das kommende Schuljahr vorzubereiten. Mathematik kann manchmal herausfordernd sein, aber mit ein wenig Übung und Spaß können wir gemeinsam großartige Fortschritte machen.

In diesem Heft findet ihr eine Vielzahl von Aufgaben und Übungen, die speziell für Schülerinnen und Schüler auf dem Niveau der 2. Klasse Gymnasium entwickelt wurden. Ihr werdet die Gelegenheit haben, eure Kenntnisse in den Grundrechenarten zu vertiefen, spannende mathematische Konzepte zu entdecken und euer mathematisches Denken zu schärfen.

Unser Ziel ist es, euch auf eine unterhaltsame und interaktive Reise durch die Welt der Mathematik mitzunehmen. Die Lösungen zu den Übungen sind im Heft enthalten, sodass ihr euren Fortschritt nachvollziehen könnt. Zögert nicht, Fragen zu stellen oder Unterstützung zu suchen, wenn ihr sie benötigt.

Viel Erfolg beim Lernen und viel Spaß beim Entdecken neuer mathematischer Horizonte! Wir sind sicher, dass ihr am Ende dieses Ferienhefts stolz auf eure mathematischen Fähigkeiten sein werdet.

Euer Mathematik-Team

Maßeinheiten und Umrechnungen

Längenmaße (Meter, Zentimeter):

- **Meter (m):** Der Meter ist die Basiseinheit für Längenmessungen im metrischen System und wird häufig für größere Entfernungen verwendet. Zum Beispiel wird die Länge eines Raumes in Metern gemessen.
- **Zentimeter (cm):** Der Zentimeter ist eine kleinere Einheit als der Meter und wird für kürzere Längen verwendet. Zum Beispiel wird die Länge eines Stifts in Zentimetern gemessen.

Flächenmaße (Quadratmeter, Quadratzentimeter):

- **Quadratmeter (m^2):** Der Quadratmeter ist die Basiseinheit für Flächenmessungen und wird häufig für die Berechnung der Gesamtfläche von Räumen oder Grundstücken verwendet.
- **Quadratzentimeter (cm^2):** Der Quadratzentimeter ist eine kleinere Einheit als der Quadratmeter und wird für kleinere Flächen oder die Messung von Details auf einer Fläche verwendet.

Volumenmaße (Kubikmeter, Liter):

- **Kubikmeter (m^3):** Der Kubikmeter ist die Basiseinheit für Volumenmessungen und wird verwendet, um das Volumen von dreidimensionalen Objekten, wie einem Würfel oder einem Behälter, zu messen.

- **Liter (L):** Der Liter ist eine kleinere Einheit als der Kubikmeter und wird häufig für die Messung von Flüssigkeiten oder die Kapazität von Behältern verwendet. Ein Liter entspricht einem Kubikdezimeter (dm^3).

Gewichtsmaße (Kilogramm, Gramm):

- **Kilogramm (kg):** Das Kilogramm ist die Basiseinheit für Gewichtsmessungen und wird oft für die Messung des Gewichts von Personen oder größeren Gegenständen verwendet.
- **Gramm (g):** Das Gramm ist eine kleinere Einheit als das Kilogramm und wird für leichtere Objekte oder die Messung von Zutaten in der Küche verwendet.

Diese Maßeinheiten sind grundlegend für die Durchführung von Messungen in verschiedenen Bereichen des täglichen Lebens und der Wissenschaft. Sie ermöglichen es,

Größenordnungen und Vergleiche zwischen verschiedenen Objekten oder Substanzen herzustellen.

Längenmaße (Meter, Zentimeter): ÜBUNGEN UND LÖSUNGEN

Längenmaße (Meter, Zentimeter):

- **Meter (m):** Der Meter ist die Basiseinheit für Längenmessungen im metrischen System und wird häufig für größere Entfernungen verwendet. Zum Beispiel wird die Länge eines Raumes in Metern gemessen.
- **Zentimeter (cm):** Der Zentimeter ist eine kleinere Einheit als der Meter und wird für kürzere Längen verwendet. Zum Beispiel wird die Länge eines Stifts in Zentimetern gemessen.

Hier sind 50 Beispiele für Längenmaße in Metern und Zentimetern, zusammen mit den Lösungen:

ÜBUNGEN

1. 2 Meter = ____ Zentimeter
2. 5 Meter = ____ Zentimeter
3. 8 Meter = ____ Zentimeter
4. 12 Meter = ____ Zentimeter
5. 15 Meter = ____ Zentimeter
6. 20 Meter = ____ Zentimeter
7. 25 Meter = ____ Zentimeter
8. 30 Meter = ____ Zentimeter
9. 40 Meter = ____ Zentimeter
10. 50 Meter = ____ Zentimeter
11. 3 Meter = ____ Zentimeter
12. 6 Meter = ____ Zentimeter
13. 9 Meter = ____ Zentimeter

14. 18 Meter = ___ Zentimeter

15. 24 Meter = ___ Zentimeter

16. 36 Meter = ___ Zentimeter

17. 42 Meter = ___ Zentimeter

18. 48 Meter = ___ Zentimeter

19. 60 Meter = ___ Zentimeter

20. 75 Meter = ___ Zentimeter

21. 1,5 Meter = ___ Zentimeter

22. 2,7 Meter = ___ Zentimeter

23. 4,3 Meter = ___ Zentimeter

24. 7,8 Meter = ___ Zentimeter

25. 10,2 Meter = ___ Zentimeter

26. 14,5 Meter = ___ Zentimeter

27. 21,6 Meter = ___ Zentimeter

28. 27,9 Meter = ___ Zentimeter

29. 33,4 Meter = ___ Zentimeter

30. 39,7 Meter = ___ Zentimeter

31. 0,25 Meter = ___ Zentimeter

32. 1,8 Meter = ___ Zentimeter

33. 2,3 Meter = ___ Zentimeter

34. 4,6 Meter = ___ Zentimeter

35. 5,9 Meter = ___ Zentimeter

36. 6,4 Meter = ___ Zentimeter

37. 8,7 Meter = ___ Zentimeter

38. 9,1 Meter = ___ Zentimeter

39. 11,3 Meter = ___ Zentimeter

40. 13,6 Meter = ___ Zentimeter

Lösungen:

1. 2 Meter = 200 Zentimeter
2. 5 Meter = 500 Zentimeter
3. 8 Meter = 800 Zentimeter
4. 12 Meter = 1200 Zentimeter
5. 15 Meter = 1500 Zentimeter
6. 20 Meter = 2000 Zentimeter
7. 25 Meter = 2500 Zentimeter
8. 30 Meter = 3000 Zentimeter

9. 40 Meter = 4000 Zentimeter
10. 50 Meter = 5000 Zentimeter
11. 3 Meter = 300 Zentimeter
12. 6 Meter = 600 Zentimeter
13. 9 Meter = 900 Zentimeter
14. 18 Meter = 1800 Zentimeter
15. 24 Meter = 2400 Zentimeter
16. 36 Meter = 3600 Zentimeter
17. 42 Meter = 4200 Zentimeter
18. 48 Meter = 4800 Zentimeter
19. 60 Meter = 6000 Zentimeter
20. 75 Meter = 7500 Zentimeter
21. 1,5 Meter = 150 Zentimeter
22. 2,7 Meter = 270 Zentimeter
23. 4,3 Meter = 430 Zentimeter
24. 7,8 Meter = 780 Zentimeter
25. 10,2 Meter = 1020 Zentimeter
26. 14,5 Meter = 1450 Zentimeter
27. 21,6 Meter = 2160 Zentimeter

28. 27,9 Meter = 2790 Zentimeter
29. 33,4 Meter = 3340 Zentimeter
30. 39,7 Meter = 3970 Zentimeter
31. 0,25 Meter = 25 Zentimeter
32. 1,8 Meter = 180 Zentimeter
33. 2,3 Meter = 230 Zentimeter
34. 4,6 Meter = 460 Zentimeter
35. 5,9 Meter = 590 Zentimeter
36. 6,4 Meter = 640 Zentimeter
37. 8,7 Meter = 870 Zentimeter
38. 9,1 Meter = 910 Zentimeter
39. 11,3 Meter = 1130 Zentimeter
40. 13,6 Meter = 1360 Zentimeter

Diese Übungen helfen bei der Umrechnung zwischen Metern und Zentimetern, was in verschiedenen mathematischen und alltäglichen Situationen nützlich sein kann.

Flächenmaße (Quadratmeter, Quadratzentimeter) Übungen - Lösungen

Flächenmaße (Quadratmeter, Quadratzentimeter):

- **Quadratmeter (m^2):** Der Quadratmeter ist die Basiseinheit für Flächenmessungen und wird häufig für die Berechnung der Gesamtfläche von Räumen oder Grundstücken verwendet.
- **Quadratzentimeter (cm^2):** Der Quadratzentimeter ist eine kleinere Einheit als der Quadratmeter und wird für kleinere Flächen oder die Messung von Details auf einer Fläche verwendet.

Übungen:

1. 3 Quadratmeter = ___ Quadratzentimeter
2. 5 Quadratmeter = ___ Quadratzentimeter
3. 7 Quadratmeter = ___ Quadratzentimeter
4. 10 Quadratmeter = ___ Quadratzentimeter
5. 15 Quadratmeter = ___ Quadratzentimeter
6. 20 Quadratmeter = ___ Quadratzentimeter
7. 25 Quadratmeter = ___ Quadratzentimeter
8. 30 Quadratmeter = ___ Quadratzentimeter
9. 40 Quadratmeter = ___ Quadratzentimeter
10. 50 Quadratmeter = ___ Quadratzentimeter
11. 2,5 Quadratmeter = ___ Quadratzentimeter
12. 4,8 Quadratmeter = ___ Quadratzentimeter
13. 6,2 Quadratmeter = ___ Quadratzentimeter
14. 8,5 Quadratmeter = ___ Quadratzentimeter
15. 12,3 Quadratmeter = ___ Quadratzentimeter
16. 17,6 Quadratmeter = ___ Quadratzentimeter
17. 22,4 Quadratmeter = ___ Quadratzentimeter

18. 28,7 Quadratmeter = ___ Quadratzentimeter

19. 35,2 Quadratmeter = ___ Quadratzentimeter

20. 42,9 Quadratmeter = ___ Quadratzentimeter

21. 0,75 Quadratmeter = ___ Quadratzentimeter

22. 1,2 Quadratmeter = ___ Quadratzentimeter

23. 2,3 Quadratmeter = ___ Quadratzentimeter

24. 4,6 Quadratmeter = ___ Quadratzentimeter

25. 7,8 Quadratmeter = ___ Quadratzentimeter

26. 11,5 Quadratmeter = ___ Quadratzentimeter

27. 16,9 Quadratmeter = ___ Quadratzentimeter

28. 24,2 Quadratmeter = ___ Quadratzentimeter

29. 31,7 Quadratmeter = ___ Quadratzentimeter

30. 39,4 Quadratmeter = ___ Quadratzentimeter

31. 0,25 Quadratmeter = ___ Quadratzentimeter

32. 1,8 Quadratmeter = ___ Quadratzentimeter

33. 3,3 Quadratmeter = ___ Quadratzentimeter

34. 5,9 Quadratmeter = ___ Quadratzentimeter

35. 9,1 Quadratmeter = ___ Quadratzentimeter

36. 14,6 Quadratmeter = ___ Quadratzentimeter

37. 20,8 Quadratmeter = ___ Quadratzentimeter

38. 28,4 Quadratmeter = ___ Quadratzentimeter

39. 37,2 Quadratmeter = ___ Quadratzentimeter

40. 46,7 Quadratmeter = ___ Quadratzentimeter

Lösungen:

1. 3 Quadratmeter = 30.000 Quadratzentimeter
2. 5 Quadratmeter = 50.000 Quadratzentimeter
3. 7 Quadratmeter = 70.000 Quadratzentimeter
4. 10 Quadratmeter = 100.000 Quadratzentimeter
5. 15 Quadratmeter = 150.000 Quadratzentimeter
6. 20 Quadratmeter = 200.000 Quadratzentimeter
7. 25 Quadratmeter = 250.000 Quadratzentimeter
8. 30 Quadratmeter = 300.000 Quadratzentimeter
9. 40 Quadratmeter = 400.000 Quadratzentimeter
10. 50 Quadratmeter = 500.000 Quadratzentimeter
11. 2,5 Quadratmeter = 25.000 Quadratzentimeter
12. 4,8 Quadratmeter = 48.000 Quadratzentimeter

13. 6,2 Quadratmeter = 62.000 Quadratzentimeter
14. 8,5 Quadratmeter = 85.000 Quadratzentimeter
15. 12,3 Quadratmeter = 123.000 Quadratzentimeter
16. 17,6 Quadratmeter = 176.000 Quadratzentimeter
17. 22,4 Quadratmeter = 224.000 Quadratzentimeter
18. 28,7 Quadratmeter = 287.000 Quadratzentimeter
19. 35,2 Quadratmeter = 352.000 Quadratzentimeter
20. 42,9 Quadratmeter = 429.000 Quadratzentimeter
21. 0,75 Quadratmeter = 7.500 Quadratzentimeter
22. 1,2 Quadratmeter = 12.000 Quadratzentimeter
23. 2,3 Quadratmeter = 23.000 Quadratzentimeter
24. 4,6 Quadratmeter = 46.000 Quadratzentimeter
25. 7,8 Quadratmeter = 78.000 Quadratzentimeter
26. 11,5 Quadratmeter = 115.000 Quadratzentimeter
27. 16,9 Quadratmeter = 169.000 Quadratzentimeter
28. 24,2 Quadratmeter = 242.000 Quadratzentimeter
29. 31,7 Quadratmeter = 317.000 Quadratzentimeter
30. 39,4 Quadratmeter = 394.000 Quadratzentimeter
31. 0,25 Quadratmeter = 2.500 Quadratzentimeter

32. 1,8 Quadratmeter = 18.000 Quadratzentimeter
33. 3,3 Quadratmeter = 33.000 Quadratzentimeter
34. 5,9 Quadratmeter = 59.000 Quadratzentimeter
35. 9,1 Quadratmeter = 91.000 Quadratzentimeter
36. 14,6 Quadratmeter = 146.000 Quadratzentimeter
37. 20,8 Quadratmeter = 208.000 Quadratzentimeter
38. 28,4 Quadratmeter = 284.000 Quadratzentimeter
39. 37,2 Quadratmeter = 372.000 Quadratzentimeter
40. 46,7 Quadratmeter = 467.000 Quadratzentimeter

Diese Übungen helfen bei der Umrechnung zwischen Quadratmetern und Quadratzentimetern, was in verschiedenen mathematischen und praktischen Situationen nützlich sein kann.

Volumenmaße (Kubikmeter, Liter) Übungen und Lösungen

Volumenmaße (Kubikmeter, Liter):

- **Kubikmeter (m^3):** Der Kubikmeter ist die Basiseinheit für Volumenmessungen und wird verwendet, um das Volumen von dreidimensionalen Objekten, wie einem Würfel oder einem Behälter, zu messen.
- **Liter (L):** Der Liter ist eine kleinere Einheit als der Kubikmeter und wird häufig für die Messung von Flüssigkeiten oder die Kapazität von Behältern verwendet. Ein Liter entspricht einem Kubikdezimeter (dm^3).

Hier sind 40 Übungen zu Volumenmaßen in Kubikmetern und Litern, zusammen mit den Lösungen:

Übungen:

1. 2 Kubikmeter = ____ Liter
2. 5 Kubikmeter = ____ Liter
3. 8 Kubikmeter = ____ Liter
4. 10 Kubikmeter = ____ Liter
5. 15 Kubikmeter = ____ Liter
6. 20 Kubikmeter = ____ Liter
7. 25 Kubikmeter = ____ Liter
8. 30 Kubikmeter = ____ Liter
9. 40 Kubikmeter = ____ Liter
10. 50 Kubikmeter = ____ Liter
11. 1,5 Kubikmeter = ____ Liter
12. 3,8 Kubikmeter = ____ Liter
13. 6,2 Kubikmeter = ____ Liter
14. 9,7 Kubikmeter = ____ Liter

15. 12,5 Kubikmeter = ___ Liter
16. 18,4 Kubikmeter = ___ Liter
17. 22,1 Kubikmeter = ___ Liter
18. 27,6 Kubikmeter = ___ Liter
19. 33,3 Kubikmeter = ___ Liter
20. 45,9 Kubikmeter = ___ Liter
21. 0,75 Kubikmeter = ___ Liter
22. 2,1 Kubikmeter = ___ Liter
23. 4,3 Kubikmeter = ___ Liter
24. 7,6 Kubikmeter = ___ Liter
25. 11,8 Kubikmeter = ___ Liter
26. 16,4 Kubikmeter = ___ Liter
27. 20,9 Kubikmeter = ___ Liter
28. 25,2 Kubikmeter = ___ Liter
29. 30,7 Kubikmeter = ___ Liter
30. 36,2 Kubikmeter = ___ Liter
31. 0,25 Kubikmeter = ___ Liter
32. 1,8 Kubikmeter = ___ Liter
33. 3,5 Kubikmeter = ___ Liter

34. 5,9 Kubikmeter = ____ Liter

Lösungen:

1. 2 Kubikmeter = 2000 Liter
2. 5 Kubikmeter = 5000 Liter
3. 8 Kubikmeter = 8000 Liter
4. 10 Kubikmeter = 10000 Liter
5. 15 Kubikmeter = 15000 Liter
6. 20 Kubikmeter = 20000 Liter
7. 25 Kubikmeter = 25000 Liter
8. 30 Kubikmeter = 30000 Liter
9. 40 Kubikmeter = 40000 Liter
10. 50 Kubikmeter = 50000 Liter
11. 1,5 Kubikmeter = 1500 Liter
12. 3,8 Kubikmeter = 3800 Liter
13. 6,2 Kubikmeter = 6200 Liter
14. 9,7 Kubikmeter = 9700 Liter
15. 12,5 Kubikmeter = 12500 Liter

16. 18,4 Kubikmeter = 18400 Liter
17. 22,1 Kubikmeter = 22100 Liter
18. 27,6 Kubikmeter = 27600 Liter
19. 33,3 Kubikmeter = 33300 Liter
20. 45,9 Kubikmeter = 45900 Liter
21. 0,75 Kubikmeter = 750 Liter
22. 2,1 Kubikmeter = 2100 Liter
23. 4,3 Kubikmeter = 4300 Liter
24. 7,6 Kubikmeter = 7600 Liter
25. 11,8 Kubikmeter = 11800 Liter
26. 16,4 Kubikmeter = 16400 Liter
27. 20,9 Kubikmeter = 20900 Liter
28. 25,2 Kubikmeter = 25200 Liter
29. 30,7 Kubikmeter = 30700 Liter
30. 36,2 Kubikmeter = 36200 Liter
31. 0,25 Kubikmeter = 250 Liter
32. 1,8 Kubikmeter = 1800 Liter
33. 3,5 Kubikmeter = 3500 Liter
34. 5,9 Kubikmeter = 5900 Liter

Gewichtsmaße (Kilogramm, Gramm) Übungen und Lösungen

Gewichtsmaße (Kilogramm, Gramm):

- **Kilogramm (kg):** Das Kilogramm ist die Basiseinheit für Gewichtsmessungen und wird oft für die Messung des Gewichts von Personen oder größeren Gegenständen verwendet.
- **Gramm (g):** Das Gramm ist eine kleinere Einheit als das Kilogramm und wird für leichtere Objekte oder die Messung von Zutaten in der Küche verwendet.

Diese Maßeinheiten sind grundlegend für die Durchführung von Messungen in verschiedenen Bereichen des täglichen Lebens und der Wissenschaft. Sie ermöglichen es, Größenordnungen und Vergleiche zwischen

Hier sind 30 Übungen zu Gewichtsmaßen in Kilogramm und Gramm, zusammen mit den Lösungen:

Übungen:

1. 2 Kilogramm = ____ Gramm
2. 5 Kilogramm = ____ Gramm
3. 8 Kilogramm = ____ Gramm
4. 10 Kilogramm = ____ Gramm
5. 15 Kilogramm = ____ Gramm
6. 20 Kilogramm = ____ Gramm
7. 25 Kilogramm = ____ Gramm
8. 30 Kilogramm = ____ Gramm
9. 40 Kilogramm = ____ Gramm
10. 50 Kilogramm = ____ Gramm
11. 1,5 Kilogramm = ____ Gramm
12. 3,8 Kilogramm = ____ Gramm

13. 6,2 Kilogramm = ____ Gramm

14. 9,7 Kilogramm = ____ Gramm

15. 12,5 Kilogramm = ____ Gramm

16. 18,4 Kilogramm = ____ Gramm

17. 22,1 Kilogramm = ____ Gramm

18. 27,6 Kilogramm = ____ Gramm

19. 33,3 Kilogramm = ____ Gramm

20. 45,9 Kilogramm = ____ Gramm

21. 0,75 Kilogramm = ____ Gramm

22. 2,1 Kilogramm = ____ Gramm

23. 4,3 Kilogramm = ____ Gramm

24. 7,6 Kilogramm = ____ Gramm

25. 11,8 Kilogramm = ____ Gramm

26. 16,4 Kilogramm = ____ Gramm

27. 20,9 Kilogramm = ____ Gramm

28. 25,2 Kilogramm = ____ Gramm

29. 30,7 Kilogramm = ____ Gramm

30. 36,2 Kilogramm = ____ Gramm

Lösungen:

1. 2 Kilogramm = 2000 Gramm
2. 5 Kilogramm = 5000 Gramm
3. 8 Kilogramm = 8000 Gramm
4. 10 Kilogramm = 10000 Gramm
5. 15 Kilogramm = 15000 Gramm
6. 20 Kilogramm = 20000 Gramm
7. 25 Kilogramm = 25000 Gramm
8. 30 Kilogramm = 30000 Gramm
9. 40 Kilogramm = 40000 Gramm
10. 50 Kilogramm = 50000 Gramm
11. 1,5 Kilogramm = 1500 Gramm
12. 3,8 Kilogramm = 3800 Gramm
13. 6,2 Kilogramm = 6200 Gramm
14. 9,7 Kilogramm = 9700 Gramm
15. 12,5 Kilogramm = 12500 Gramm
16. 18,4 Kilogramm = 18400 Gramm
17. 22,1 Kilogramm = 22100 Gramm

18. 27,6 Kilogramm = 27600 Gramm
19. 33,3 Kilogramm = 33300 Gramm
20. 45,9 Kilogramm = 45900 Gramm
21. 0,75 Kilogramm = 750 Gramm
22. 2,1 Kilogramm = 2100 Gramm
23. 4,3 Kilogramm = 4300 Gramm
24. 7,6 Kilogramm = 7600 Gramm
25. 11,8 Kilogramm = 11800 Gramm
26. 16,4 Kilogramm = 16400 Gramm
27. 20,9 Kilogramm = 20900 Gramm
28. 25,2 Kilogramm = 25200 Gramm
29. 30,7 Kilogramm = 30700 Gramm
30. 36,2 Kilogramm = 36200 Gramm

Diese Übungen helfen bei der Umrechnung zwischen Kilogramm und Gramm, was in verschiedenen mathematischen und praktischen Situationen nützlich sein kann.

Daten und Wahrscheinlichkeit

Statistische Daten (Mittelwert, Median, Modus):

- Der **Mittelwert** ist der Durchschnitt einer Gruppe von Zahlen und wird berechnet, indem man alle Zahlen addiert und dann durch die Anzahl der Zahlen teilt. Er gibt eine Vorstellung von der zentralen Tendenz der Daten.
- Der **Median** ist der Wert, der in der Mitte einer sortierten Liste von Daten steht. Wenn es eine gerade Anzahl von Datenpunkten gibt, ist der Median der Durchschnitt der beiden mittleren Werte. Der Median ist weniger anfällig für Ausreißer als der Mittelwert.

- Der **Modus** ist der Wert, der in einem Datensatz am häufigsten vorkommt. In einigen Fällen kann es mehrere Modi geben, und in anderen Fällen gibt es keinen Modus, wenn alle Werte einzigartig sind.

Übungen:

1. Gegebene Daten: 10, 15, 20, 25, 30. Berechne den Mittelwert.
2. Gegebene Daten: 5, 8, 5, 12, 10. Berechne den Median.
3. Gegebene Daten: 7, 7, 12, 18, 12. Berechne den Modus.
4. Gegebene Daten: 4, 9, 6, 15, 8. Berechne den Mittelwert.
5. Gegebene Daten: 14, 16, 12, 10, 8. Berechne den Median.
6. Gegebene Daten: 5, 5, 5, 10, 10. Berechne den Modus.

7. Gegebene Daten: 20, 22, 24, 26, 28. Berechne den Mittelwert.
8. Gegebene Daten: 17, 15, 17, 19, 20. Berechne den Median.
9. Gegebene Daten: 8, 12, 12, 16, 8. Berechne den Modus.
10. Gegebene Daten: 30, 35, 40, 45, 50. Berechne den Mittelwert.
11. Gegebene Daten: 22, 23, 25, 26, 29. Berechne den Median.
12. Gegebene Daten: 7, 7, 7, 8, 8. Berechne den Modus.

13. Gegebene Daten: 18, 20, 22, 24, 26. Berechne den Mittelwert.
14. Gegebene Daten: 12, 14, 16, 14, 12. Berechne den Median.
15. Gegebene Daten: 9, 9, 18, 18, 27. Berechne den Modus.

16. Gegebene Daten: 5, 10, 15, 20, 25. Berechne den Mittelwert.
17. Gegebene Daten: 7, 8, 7, 8, 7. Berechne den Median.
18. Gegebene Daten: 10, 15, 15, 20, 20. Berechne den Modus.
19. Gegebene Daten: 12, 18, 24, 30, 36. Berechne den Mittelwert.
20. Gegebene Daten: 6, 6, 12, 18, 24. Berechne den Median.
21. Gegebene Daten: 14, 14, 18, 18, 22. Berechne den Modus.
22. Gegebene Daten: 25, 30, 35, 40, 45. Berechne den Mittelwert.
23. Gegebene Daten: 21, 23, 21, 25, 22. Berechne den Median.
24. Gegebene Daten: 9, 11, 13, 11, 9. Berechne den Modus.

25. Gegebene Daten: 16, 18, 20, 22, 24. Berechne den Mittelwert.

Lösungen:

1. Mittelwert: 20
2. Median: 8
3. Modus: 7, 12
4. Mittelwert: 8.4
5. Median: 12
6. Modus: 5, 10
7. Mittelwert: 24
8. Median: 17
9. Modus: 8, 12
10. Mittelwert: 40
11. Median: 25
12. Modus: 7
13. Mittelwert: 22
14. Median: 14

15. Modus: Keiner (alle Werte sind einzigartig)
16. Mittelwert: 15
17. Median: 7
18. Modus: 15
19. Mittelwert: 24
20. Median: 15
21. Modus: 14, 18
22. Mittelwert: 35
23. Median: 23
24. Modus: 9, 11
25. Mittelwert: 20

Diagramme interpretieren:

- Diagramme wie Balkendiagramme, Liniendiagramme und Kreisdiagramme werden verwendet, um Daten visuell darzustellen. Die Interpretation von Diagrammen beinhaltet das Ablesen von Trends, das Erkennen von Mustern und das Ziehen von Schlussfolgerungen aus den dargestellten Informationen.

Wahrscheinlichkeitsgrundlagen:

- Die Wahrscheinlichkeit ist ein Konzept, das sich mit der Vorhersage von Ereignissen befasst. Sie liegt normalerweise im Bereich von 0 (unmöglich) bis 1 (sicher). Ein einfaches Beispiel ist das Münzwurf, bei dem die Wahrscheinlichkeit, dass entweder Kopf oder Zahl erscheint, 0,5 beträgt.
- Die Wahrscheinlichkeit kann auf verschiedene Weisen berechnet werden, abhängig von der Art des Ereignisses. Sie kann als relative Häufigkeit, als Laplace-Wahrscheinlichkeit oder mit Hilfe von Wahrscheinlichkeitsverteilungen bestimmt werden.

Einführung in einfache Wahrscheinlichkeitsberechnungen:

- Bei einfachen Wahrscheinlichkeitsberechnungen geht es darum, die Wahrscheinlichkeit eines Ereignisses zu ermitteln, indem man die Anzahl der günstigen Ergebnisse durch die Anzahl der möglichen Ergebnisse teilt. Zum Beispiel ist die Wahrscheinlichkeit, eine rote Kugel aus einer Tasche mit roten und blauen Kugeln zu ziehen, die Anzahl der roten Kugeln geteilt durch die Anzahl aller Kugeln in der Tasche.

Diese Konzepte sind grundlegend für die mathematische Analyse von Daten, die Interpretation von Informationen und die Vorhersage von zukünftigen Ereignissen. Sie werden in verschiedenen Bereichen wie Statistik, Wissenschaft, Wirtschaft und Alltag angewendet. Hier sind 20 Übungen zu einfachen Wahrscheinlichkeitsberechnungen, zusammen mit den Lösungen:

Übungen:

1. Ein Würfel hat 6 Seiten, nummeriert von 1 bis 6. Was ist die Wahrscheinlichkeit, eine gerade Zahl zu würfeln?

2. In einem Glas befinden sich 10 rote und 5 blaue Kugeln. Wenn du eine Kugel zufällig ziehst, wie hoch ist die Wahrscheinlichkeit, dass sie rot ist?

3. Ein Kartenspiel hat 52 Karten, darunter 4 Asse. Was ist die Wahrscheinlichkeit, ein Ass zu ziehen?

4. Ein Spinner ist in 4 gleich große Abschnitte unterteilt, wovon 2 blau und 2 grün sind. Wie groß ist die Wahrscheinlichkeit, dass der Spinner auf blau landet?

5. In einer Schüssel sind 8 Äpfel und 6 Bananen. Wenn du eine Frucht ohne Ansehen der Reihenfolge auswählst, wie groß ist die Wahrscheinlichkeit, eine Banane zu bekommen?

6. Ein Würfel hat 6 Seiten, nummeriert von 1 bis 6. Was ist die Wahrscheinlichkeit, eine Primzahl zu würfeln?

7. Ein Glas enthält 20 verschiedene farbige Kugeln. Du ziehst eine Kugel und legst sie zurück, bevor du eine weitere ziehst. Wie groß ist die Wahrscheinlichkeit, zweimal hintereinander die gleiche Farbe zu ziehen?

8. In einem Kartenspiel mit 52 Karten ziehst du nacheinander 3 Karten. Wie groß ist die Wahrscheinlichkeit, dass alle 3 Karten Pik sind?

9. Ein Beutel enthält 4 rote, 3 grüne und 5 blaue Gummibärchen. Du ziehst zwei Gummibärchen hintereinander. Wie groß ist die Wahrscheinlichkeit, dass beide Gummibärchen blau sind?

10. Bei einem Quiz gibt es 5 Antwortmöglichkeiten, aber nur eine ist korrekt. Wenn du zufällig antwortest, wie groß ist die Wahrscheinlichkeit, die richtige Antwort zu erhalten?

11. Ein Würfel hat 6 Seiten, nummeriert von 1 bis 6. Was ist die Wahrscheinlichkeit, eine ungerade Zahl zu würfeln?

12. Ein Glas enthält 3 rote, 4 blaue und 5 grüne Kugeln. Wie groß ist die Wahrscheinlichkeit, eine blaue Kugel zu ziehen, gefolgt von einer grünen Kugel, ohne die erste zurückzulegen?

13. Ein Kartenspiel hat 52 Karten, darunter 4 Könige. Was ist die Wahrscheinlichkeit, keinen König zu ziehen, wenn du eine Karte ziehst?

14. Ein Spinner hat 8 gleich große Abschnitte, von denen 3 rot und 5 gelb sind. Wie groß ist die Wahrscheinlichkeit, dass der Spinner nicht auf rot landet?

15. In einer Schüssel sind 7 rote und 5 grüne Äpfel. Wenn du zwei Äpfel hintereinander ohne Zurücklegen ziehst, wie groß ist die

Wahrscheinlichkeit, beide Male einen grünen Apfel zu ziehen?

16. Ein Würfel hat 6 Seiten, nummeriert von 1 bis 6. Was ist die Wahrscheinlichkeit, eine Zahl größer als 4 zu würfeln?

17. Ein Glas enthält 30 Kugeln, von denen 10 rot, 12 blau und 8 grün sind. Wie groß ist die Wahrscheinlichkeit, eine nicht-rote Kugel zu ziehen?

18. In einem Kartenspiel mit 52 Karten ziehst du nacheinander 2 Karten ohne Zurücklegen. Wie groß ist die Wahrscheinlichkeit, dass beide Karten Herz sind?

19. Ein Beutel enthält 6 rote und 4 blaue Gummibärchen. Du ziehst nacheinander 3

Gummibärchen ohne Zurücklegen. Wie groß ist die Wahrscheinlichkeit, dass alle 3 Gummibärchen rot sind?

20. Bei einem Multiple-Choice-Test mit 4 Antwortmöglichkeiten wählst du zufällig eine Antwort aus. Wie groß ist die Wahrscheinlichkeit, die richtige Antwort zu erhalten?

Lösungen:

1. Die Wahrscheinlichkeit, eine gerade Zahl zu würfeln, beträgt 3/6 oder 1/2.

2. Die Wahrscheinlichkeit, eine rote Kugel zu ziehen, beträgt 10/15 oder 2/3.

3. Die Wahrscheinlichkeit, ein Ass zu ziehen, beträgt 4/52 oder 1/13.

4. Die Wahrscheinlichkeit, auf blau zu landen, beträgt 2/4 oder 1/2.

5. Die Wahrscheinlichkeit, eine Banane zu ziehen, beträgt 6/14 oder 3/7.

6. Die Wahrscheinlichkeit, eine Primzahl zu würfeln, beträgt 3/6 oder 1/2.

7. Die Wahrscheinlichkeit, zweimal hintereinander die gleiche Farbe zu ziehen, beträgt 1/20.

8. Die Wahrscheinlichkeit, dass alle 3 Karten Pik sind, beträgt (13/52) * (12/51) * (11/50).

9. Die Wahrscheinlichkeit, dass beide Gummibärchen blau sind, beträgt (5/12) * (4/11).

10. Die Wahrscheinlichkeit, die richtige Antwort zu erhalten, beträgt 1/5.

11. Die Wahrscheinlichkeit, eine ungerade Zahl zu würfeln, beträgt 3/6 oder 1/2.

12. Die Wahrscheinlichkeit, eine blaue Kugel zu ziehen, gefolgt von einer grünen Kugel, beträgt (4/12) * (5/11).

13. Die Wahrscheinlichkeit, keinen König zu ziehen, beträgt (48/52).

14. Die Wahrscheinlichkeit, nicht auf rot zu landen, beträgt 5/8.

15. Die Wahrscheinlichkeit, beide Male einen grünen Apfel zu ziehen, beträgt (5/12) * (4/11).

16. Die Wahrscheinlichkeit, eine Zahl größer als 4 zu würfeln, beträgt 2/6 oder 1/3.

17. Die Wahrscheinlichkeit, eine nicht-rote Kugel zu ziehen, beträgt (30-10)/30 oder 2/3.

18. Die Wahrscheinlichkeit, dass beide Karten Herz sind, beträgt (13/52) * (12/51).

19. Die Wahrscheinlichkeit, dass alle 3 Gummibärchen rot sind, beträgt (6/10) * (5/9) * (4/8).

20. Die Wahrscheinlichkeit, die richtige Antwort zu erhalten, beträgt 1/4.

URHEBERRECHT, RECHTLICHER HINWEIS UND HAFTUNGSAUSSCHLUSS

Herausgeberin: Junges Mathe Team
Illustration: Junges Mathe Team
Umschlaggestaltung: Junges Mathe Team
Druck und Vertrieb im Auftrag: Junges Mathe Team

Fotos und Bildnachweise - Mitwirkende: (Inhaltslizenzvereinbarung Canva) via Canva.com (Fotos sind Models via Canva)

Haftungsausschluss für den Autor "Junges Mathe Team":

Der Autor "Junges Mathe Team" stellt Informationen, Ratschläge und Materialien auf dieser Plattform zur Verfügung. Es ist wichtig zu beachten, dass diese Informationen ausschließlich zu Bildungszwecken und zur allgemeinen Information dienen. Der Autor übernimmt keine Garantie für die Richtigkeit, Vollständigkeit oder Aktualität der bereitgestellten Informationen. Es wird keine Haftung für jegliche Schäden oder Verluste übernommen, die sich aus der Verwendung der bereitgestellten Informationen ergeben können.

Die mathematischen Konzepte und Inhalte, die von "Junges Mathe Team" bereitgestellt werden, sollen lediglich als allgemeine Orientierungshilfe dienen und ersetzen nicht den Rat von qualifizierten Lehrern oder Fachexperten. Jeder, der die bereitgestellten Informationen nutzt, tut dies auf eigenes Risiko und ist selbst dafür verantwortlich, sicherzustellen, dass die verwendeten Materialien und Ratschläge für ihre individuellen Bedürfnisse geeignet sind.

Der Autor "Junges Mathe Team" behält sich das Recht vor, die bereitgestellten Informationen jederzeit zu ändern, zu aktualisieren oder zu entfernen, ohne dies im Voraus anzukündigen. Es wird empfohlen, zusätzliche Recherche durchzuführen und sich bei Bedarf an qualifizierte Fachleute zu wenden, um sicherzustellen, dass die erhaltenen Informationen korrekt und für den beabsichtigten Verwendungszweck geeignet sind.

Printed in Poland
by Amazon Fulfillment
Poland Sp. z o.o., Wrocław

54705929R00028